CHERS LECTEURS

Merci d'avoir acheté ce eBook !

Destiné aux étudiants en immobilier, aux agents immobiliers employés, aux agents commerciaux en immobiliers et aux créateurs d'agence, ce eBook contient de précieux conseils qui vous aideront à faire face aux principales difficultés rencontrées dans ce métier. Ces conseils vous permettront également d'améliorer la manière dont vous travaillez (meilleure organisation, gain de temps, moins de stress).

La majeure partie des exemples sont donnés pour la transaction, mais vous pouvez très bien les appliquer pour la location.

Très bonne lecture et à bientôt.

Mehdi Immo

GAGNEZ PLUS !
TRAVAILLEZ MOINS !
VIVEZ MIEUX !

LE TOP SECRET D'UN AGENT IMMOBILIER

MEHDI IMMO

AVERTISSEMENT

Mes conseils ont pour but de vous aider à gagner plusieurs années d'expérience : pièges à éviter, techniques de vente qui fonctionnent le mieux, mentalité à adopter, etc. C'est après avoir acquis et maîtrisé ces connaissances que vous pourrez réussir dans ce métier.

La réussite vient avec le temps, la détermination et l'échec. Il ne faut pas avoir peur de tomber plusieurs fois pour se relever plus fort

CONTENTS

I – PROSPECTION : RENTRER PLUS DE MANDATS — 9

II – RENTRÉE DU MANDAT, ANNONCE ET SUIVI DU VENDEUR — 19

III – L'ESTIMATION — 26

IV – VISITE ET NÉGOCIATION DU CLIENT — 32

V – PUBLICITÉ, RÉSEAU ET COMMUNICATION — 42

VI – PENDANT ET APRÈS LA VENTE — 47

VII – COMMENT VOUS DÉMARQUER DE LA CONCURRENCE ? — 51

VIII – L'ADMINISTRATIF — 55

IX – LOCATION ET GESTION LOCATIVE — 59

X – ATTITUDES PSYCHOLOGIQUES À DÉVELOPPER — 62

REMERCIEMENTS — 69

I – PROSPECTION : RENTRER PLUS DE MANDATS

Comment entrer en contact avec un vendeur et susciter son intérêt (avec ou sans vrai client acquéreur) ? Quelles astuces utiliser pour gagner du temps et plus d'argent ?

A/ La prospection
1. Rentrer un mandat par téléphone depuis les sites en ligne

Conseil n°1
Préparez un tableau pour noter les informations essentielles que vous allez recueillir lors de l'entretien téléphonique. Il comprendra plusieurs colonnes : date, observations, nom, numéro, mail. Laissez un message vocal si vous tombez sur la messagerie, vous rappellerez la semaine suivante si le propriétaire ne vous a pas contacté d'ici là.

Conseil n°2
Utilisez la méthode DAPA.

DÉCOUVERTE : faites parler et mettez en confiance le vendeur en posant des questions sur le bien et sur l'historique de la mise en vente. Vous devez creuser pour éviter les mêmes erreurs que vos concurrents :

adaptez votre stratégie en fonction de chaque situation.

ACCORD : essayez d'obtenir des « oui » en posant des questions simples, pour que le vendeur puisse se rassurer et entrer dans une logique positive.

PROPOSITION : abordez la raison de votre appel et expliquez son intérêt pour le vendeur.

ACCORD : le vendeur doit valider votre proposition et le rendez-vous doit être fixé sous 72 heures. N'oubliez pas de prendre ses coordonnées et demandez-lui de préparer les documents nécessaires pour qu'il puisse s'engager inconsciemment. Important : vous devez vous assurer que la personne à qui vous parlez soit bien le vendeur et non un intermédiaire.

Conseil n°3
Commencez à prospecter les anciennes annonces de particuliers. En général, plus le temps passe et plus les vendeurs s'impatientent : ils seront donc moins réticents à passer par une agence.

Conseil n°4
Servez-vous d'un bien que vous avez à la vente dans un secteur donné, pour contacter tous les vendeurs qui ont un bien comparable et dans le même secteur. Dites tout simplement que vous n'avez qu'un seul bien à proposer à vos clients et que vous aimeriez leur montrer un ou deux biens supplémentaires dans le même secteur. Poussés par un sentiment

d'appartenance vis-à-vis de leur bien et du vôtre, les propriétaires vous donneront plus facilement leur accord. Néanmoins, s'ils doutent de votre sincérité, envoyez-leur un mail avec le lien de l'annonce de votre bien vers votre site internet.

Conseil n°5
Pour prospecter les biens de prestige : trouvez une agence de luxe nationale ou internationale qui accepte de collaborer avec vous. Face aux vendeurs, vous mettrez en avant votre partenariat avec une agence spécialisée dans la vente de demeures prestigieuses. Expliquez-lui pour le rassurer que vous avez déjà vendu des biens grâce à ce partenariat. Dites : « L'agence partenaire nous envoie des clients qualifiés par leurs soins (français ou étrangers) et notre agence s'occupe des visites. »

Conseil n°6
Pour la prospection des biens de prestige, une autre technique est possible si vous n'avez pas l'opportunité de faire un partenariat avec une agence de luxe : c'est celle de mettre en avant la visibilité que vous donnerez au bien. Expliquez au vendeur que vous utilisez un site spécialisé qui donne une visibilité internationale aux annonces (site auquel vous vous serez préalablement inscrit). Ce service payant pour l'agent immobilier doit être utilisé dans le cadre de la signature d'un mandat exclusif pour pouvoir être rentable.

Conseil n°7

Pour les maisons par exemple : appelez les propriétaires des maisons à la vente en disant que vous avez vendu toutes les vôtres et que vous n'avez plus rien à proposer à vos clients car vous avez tout vendu. Montrez que vous êtes embêtés en justifiant le fait que vous devez contacter les particuliers pour vous aider. Les propriétaires comprendront que vous vendez beaucoup et seront plus enthousiastes à vous confier leur bien.

Conseil n°8
Si vous n'avez pas de client, dites quand même que vous en avez un : il s'agira d'un client que l'on appelle « fantôme ». Les agents immobiliers qui utilisent cette méthode, proposent généralement un premier rendez-vous en prétextant de vouloir vérifier si le bien correspond réellement aux critères de leur client. En réalité, il s'agit simplement de faire signer un mandat de vente sur place, qui très souvent échoue et aboutit à une perte de temps pour l'agent immobilier et à une perte de confiance pour le vendeur. Pour éviter de faire chou blanc, ne parlez donc pas de mandat sur place. Après la visite, vous reviendrez vers le vendeur pour lui dire que votre client a trouvé autre chose. Mais vous continuerez à le joindre assez régulièrement pour lui montrer que vous avez à cœur de vendre son bien. Vous viendrez aux nouvelles et inventerez un client intéressé pour visiter la semaine suivante, un client qui voulait visiter mais qui n'était pas finançable, etc. Après un certain temps, vous direz qu'il vous faut un mandat

pour pouvoir travailler sérieusement. La réponse du vendeur dépendra du type de relation que vous aurez développée avec lui : plus elle sera bonne, plus vous aurez de chances d'avoir un mandat.

Conseil n°9
N'hésitez pas à affirmer qu'avec un mandat exclusif vous vendrez le bien en trois mois et au prix ! En prospection, l'aplomb est une force qu'il ne faut pas avoir peur d'utiliser, à défaut d'être timide et de passer pour un débutant. Le cas échéant, incitez les vendeurs à faire
casser un contrat en cours avec une autre agence : vous pouvez même leur fournir un modèle de formulaire de rétractation. Prenez les choses en main et soyez sûr de vous !

Conseil n°10
Pour les biens à louer : dites aux bailleurs que votre rôle est de vérifier les informations du preneur comme leurs revenus. Vous devez faire peur au bailleur en lui énumérant les risques liés à une location en direct avec un particulier (défaut de paiement, faux documents, etc...). Vous devez ensuite lui expliquer que vous avez l'habitude d'être ferme et intransigeant lors de la sélection du locataire. Vous devez faire douter le bailleur, c'est primordial pour avoir des chances de signer un mandat.

Conseil n°11
Certaines objections sont assez courantes et il y a au

moins une réponse à apporter pour chacune d'entre elles (n'oubliez pas qu'une objection doit d'abord être acceptée puis démontée). (**Voir annexe 1**)

2. *Prospecter par texto*

Conseil n°1
Envoyez un texto aux vendeurs en prétextant qu'un client vous a mandaté pour lui trouver un bien. Précisez le nom, le prénom et les critères de recherche du client pour donner de la crédibilité à votre message. Quand le vendeur vous appellera, vous présenterez à nouveau votre client et vous vous intéresserez ensuite au bien. Vous pouvez appliquer ce conseil avec ou sans vrai client.

Conseil n°2
Vous pouvez présenter vos services et/ou une offre exceptionnelle par texto. Le message doit être simple et efficace et donner envie de vous appeler. Par exemple : « OFFRE EXEPTIONNELLE ! ¨PACK SERENITE OFFERT DU … AU … CONTACTEZ-NOUS AU … AGENCE … ». Si un vendeur vous appelle, vous lui expliquerez les modalités de mise en place de l'offre, en outre, qu'elle s'applique pour la signature d'un mandat exclusif.

3. *La prospection basket*

Conseil n°1
Distribuez des flyers (retour de 2 pour 1000 en moyenne). Vous pouvez par exemple proposer une

offre en contrepartie d'un mandat exclusif ou d'une estimation gratuite. La meilleure manière de les distribuer est de sonner aux portes pour les donner en mains propres (vous présenterez ainsi directement vos services). Vous devez les distribuer au moins une fois tous les trois mois dans votre secteur, dans les secteurs convoités et dans lesquels il y a beaucoup de turn-over. À travers vos flyers, vous pouvez aussi inciter les gens à vous apporter des affaires moyennant rémunération (ex : 500 euros après la vente du bien sous la forme d'un bon apporteur d'affaires). En outre, essayez de faire travailler les gens à votre place !

Conseil n°2
Si vous voyez des panneaux « A VENDRE », laissez un flyer dans les boîtes aux lettres et sonnez aux portes pour parler aux résidents ! Si la maison n'est pas habitée, essayez de retrouver le numéro de téléphone du propriétaire auprès des voisins ou sur l'annuaire.

Conseil n°3
Si vous venez de vendre un bien, empressez-vous d'imprimer des flyers « VENDU » et de les distribuer dans le quartier pour attirer l'attention des propriétaires sur votre agence et obtenir des estimations. Si vous avez un client, imprimez des flyers « RECHERCHE » pour les distribuer dans le ou les secteurs recherchés par le client.

B/ Quelques astuces qui vous feront gagner beaucoup de temps

Astuce n°1
Hors agents immobiliers spécialisés dans le professionnel, prospectez uniquement les maisons et les appartements (les biens les plus simples à vendre) avec si possible un minimum de 10 000 euros d'honoraires. En effet, pour les agents commerciaux, passé les charges, la T.V.A. et le partage avec la direction, la commission sera bien moindre. Pour les salariés, en plus de votre fixe, vous aurez des commissions plus élevées sur les ventes.

Astuce n°2
Utilisez un site de prospection payant. Certains sont très intéressants et vous offrent une multitude d'outils destinés à faciliter vos recherches et à avoir des armes pour rentrer des mandats : vous verrez la différence (gain de temps et d'effort lorsque vous maîtriserez l'interface).

Astuce n°3
Privilégiez la prospection dans les villages, quitte à faire 20 ou 30 kilomètres : les agences y sont moins présentes. Vous aurez l'avantage d'être la seule agence qui vend le bien, et en plus, les gens sont en général plus avenants que dans les grandes villes. Votre secteur reste néanmoins la priorité et il ne faut pas le négliger.

Astuce n°4
Ciblez les secteurs et les biens pour lesquels il y a de la demande. Laissez tomber les bords de routes et les cités, évitez de rentrer des appartements en rez-de-chaussée ou dans des résidences avec travaux : ces biens sont souvent très difficiles à vendre. Vous perdrez votre temps et votre argent.

Astuce n°5
Si un vendeur est injoignable en prospection : vous devez penser « long terme ». Appelez-le toutes les semaines et laissez-lui des messages vocaux jusqu'à qu'il vous réponde. Si vous tombez sur la messagerie et abandonnez là, vous prenez le risque de voir le bien dans une autre agence quelque temps plus tard, comme c'est régulièrement le cas.

Astuce n°6
N'envoyez jamais une annonce par mail à un client pour qui vous cherchez un bien sur les sites de particuliers à particuliers : votre plus-value sera nulle. Au lieu de cela, rognez les photos du bien pour cacher le logo du site et envoyez-lui un descriptif complet en prétextant que vous allez rentrer le bien sous peu. Contactez le propriétaire au préalable, pour obtenir le plus d'informations possible sur le bien et son accord pour une visite.

Astuce n°7
En prospection téléphonique, pour éviter que l'on vous raccroche au nez même si vous avez un vrai

client, ne dites pas que vous êtes une agence et demandez simplement une visite du bien. Prenez des photos et posez des questions au cours de la visite. En suivant, contactez votre client, pour lui proposer de visiter le bien. Si votre client est intéressé, vous lui ferez signer un mandat de recherche (à faire signer avant la visite). Vous direz au vendeur que vous êtes agent immobilier seulement si votre client fait une offre. Le propriétaire n'ayant ni honoraires à payer ni mandat à signer, il ne viendra même pas vous embêter !

II – RENTRÉE DU MANDAT, ANNONCE ET SUIVI DU VENDEUR

Comment mettre toutes les chances de votre côté pour vendre le bien après la rentrée du mandat ? Quelles sont les clefs d'une annonce réussie ? Comment mettre en place un suivi régulier avec le vendeur ?

A/ La rentrée du mandat

Conseil n°1
Privilégiez le mandat exclusif ! Cependant, si le propriétaire veut absolument signer un mandat simple et qu'il souhaite mettre son bien en ligne de son côté, demandez-lui d'afficher un prix correspondant à celui du mandat (honoraires d'agence inclus). S'il refuse, ne prenez pas le mandat car vous perdrez votre temps. Rentrez-le seulement si vous avez peu de biens en portefeuille et essayer de lui faire retirer son annonce quelque temps plus tard pour être plus tranquille.

Conseil n°2
Pour inciter le vendeur à choisir le mandat exclusif, vous pouvez lui présenter votre taux de vente

en exclusivité, les services que vous offrez (ex : diagnostics offerts), les moyens de communication que vous utilisez et l'énergie supplémentaire que vous allez déployer pour réussir à vendre le bien (ex : visites sept jours sur sept).

Conseil n°3
Important : lorsque vous faites signer un mandat, interdisez au propriétaire de passer en direct avec vos futurs clients. De manière générale, les vendeurs ne sont pas censés le savoir, il faut donc leur en parler.

Conseil n°4
Pour créer avec le propriétaire un lien basé sur le respect dès la signature du mandat, expliquez-lui de quelle façon vous travaillez et partagez avec lui votre expérience et vos valeurs : vous devez le rassurer.

Conseil n°5
Demandez au vendeur tous les documents nécessaires à la vente et constituez le dossier « vendeur » dès la signature du mandat. Si certains documents manquent à l'appel, empressez-vous de les obtenir pour ne pas avoir à les récupérer dans la précipitation lorsque vous aurez trouvé un client (ex : facture du dernier entretien de la chaudière, diagnostic assainissement, etc.).

Conseil n°6
Lors de la signature du mandat, essayez d'imposer au vendeur le notaire avec qui vous avez l'habitude

de travailler (à faire aussi avec le futur acquéreur). Dites simplement que votre notaire est très réactif, sérieux et que les délais de vente sont plus courts car vous avez de très bons rapports avec lui. Pour vous, faire les ventes avec un notaire facilement joignable vous permettra d'être serein quant au bon déroulement de la vente. Si vous n'avez pas encore assez d'expérience pour avoir eu l'occasion de sélectionner un notaire, passez avec celui du vendeur, car il possédera le titre de propriété.

Conseil n°7
Le cas échéant, faites tous les devis susceptibles d'être demandés par les acheteurs : toiture, électricité, cuisine, double vitrage, aménagement intérieur, division, etc. Le fait d'avoir des devis permettra au client acquéreur de savoir exactement où il met les pieds.

Conseil n°8
Si vous avez un mandat de vente pour un terrain destiné à y bâtir une maison, prenez rendez-vous à l'urbanisme pour connaître les règles applicables à la zone. Vous pouvez aussi travailler avec un constructeur local pour qu'il réalise le projet 3D d'une maison que vous mettrez en ligne. Si vous pensez que le terrain peut convenir à un promoteur, faites faire un projet immobilier par un architecte que vous enverrez aux promoteurs.

Conseil n°9
Disposez deux panneaux à vendre en triangle, ils

seront beaucoup plus visibles qu'un panneau fixé à un grillage ou à une paroi.

B/ L'annonce

Conseil n°1
Pour faire de belles photos, un appareil photo haut de gamme ne suffit pas, il faut également que le bien soit mis en valeur : nettoyez-le et débarrassez les objets inutiles qui traînent, dépersonnalisez l'intérieur (retirez les photos de famille par exemple), allumez les lumières, ouvrez les volets, faites des photos grand angle, prenez les photos de la façade de loin pour donner plus de perspectives. N'oubliez pas qu'une image vaut 1000 mots !

Conseil n°2
Vos photos doivent être de très bonne qualité : elles doivent donner envie aux gens de visiter le bien. Ne mettez pas la photo de la façade si le bien peut facilement être reconnaissable par les acquéreurs et les agences concurrentes. Pour les biens de prestige, vous pouvez éventuellement investir dans un drone qui vous permettra d'avoir des vues du ciel.

Conseil n°3
Il ne doit y avoir aucune faute d'orthographe dans le texte publicitaire. Dans la description, partez du plus large au plus précis et ne parlez jamais des points négatifs. Mettez les mentions légales obligatoires et les coordonnées de vos partenaires à la fin de l'annonce (courtier, partenaire en

rénovation, architecte, cuisiniste, etc.).

Conseil n°4
Lorsque ça s'y prête, abordez le bien non pas comme il est, mais comme il pourrait être une fois transformé (ex : si vous rentrez un T2 bis présentez le comme un futur T3). Le titre de l'annonce dira « T3 » mais vous expliquerez dans la description qu'il s'agit « d'un T2 bis qui peut devenir un T3 ». Vous devez vous forcer à aller voir plus loin que le bout de votre nez en développant votre âme d'architecte.

Conseil n°5
Pour aider les acquéreurs à se projeter, mettez des plans de vos biens dans les emplacements photos de vos annonces. Si le propriétaire n'en a pas, vous en trouverez dans les diagnostics techniques.

C/ Le suivi vendeur

Conseil n°1
Le suivi avec le vendeur ne doit pas être négligé. Vous devez l'appeler ou le voir au moins une fois par semaine pour lui faire un compte rendu régulier. Ne décidez jamais pour lui, mais orientez-le vers d'éventuelles solutions pour lui laisser l'impression d'avoir la main (ex : orientation vers une baisse de prix ou vers la réalisation de travaux d'amélioration). Vous devez avoir une attitude rassurante et professionnelle pour montrer au vendeur que vous êtes serein. Vous devez aussi lui prouver tout ce que vous dites pour être pris au sérieux.

Conseil n°2

Envoyez des mails au vendeur pour lui faire un bilan périodique complet (une fois par mois en moyenne). Le principal avantage du mail est de pouvoir laisser une trace écrite. Vous devez joindre un fichier dans lequel le propriétaire pourra consulter votre compte rendu. Transmettez le retour des clients et le nombre de vues sur les sites où l'annonce est visible. Si vous pensez que le prix de vente est trop élevé, concluez le bilan par une synthèse dans laquelle seront présents les prix des biens comparables dans le secteur. Cette synthèse est très efficace pour confronter le propriétaire à la réalité des prix de vente et qu'il se rende compte que son bien est au-dessus du prix du marché.

Conseil n°3

De nombreuses ventes ont lieu après une très longue période, restez donc patient et serein. Laissez les biens en publicité même s'il n'y a pas ou très peu d'appels. Poursuivez votre suivi vendeur (de nombreux agents immobiliers baissent les bras au bout de quelques mois et ne donnent plus de nouvelles aux propriétaires). Votre persévérance sera récompensée par une vente et le propriétaire vous félicitera de ne pas avoir baissé les bras.

Conseil n°4

Après une visite avec un acquéreur, pour que le vendeur sache qui a visité (et dans le cas ou on viendrait le contacter en direct), dénoncez le nom et prénom du client par mail, (activez la notification de lecture dans votre boîte mail pour que le vendeur ne puisse pas nier avoir lu votre mail). Cela doit être fait en complément de la signature d'un bon de visite que vous enverrez au vendeur. Rappel : le bon de visite doit être signé par le client et toutes les personnes qui l'accompagnant lors de la visite, par l'agent immobilier concurrent en cas d'inter-agence et par le vendeur.

Conseil n° 5

Pour raisonner un propriétaire qui ne souhaite pas baisser le prix de son bien alors qu'il est au-dessus du prix du marché, vous pouvez lui montrer d'autres biens similaires au sien mais moins chers, dans votre portefeuille. Après avoir comparé, il sera forcé de reconnaître que son bien n'est pas au bon prix.

III – L'ESTIMATION

A/ L'estimation : conseils pratiques

Conseil n°1
Pour rendre votre estimation, vous devez privilégier le rendez-vous physique. Prenez le temps de bien expliquer la manière dont vous avez réalisé l'estimation avant de donner votre fourchette. Parlez ensuite de vos mandats de vente, de votre savoir-faire et des moyens que vous allez mettre en œuvre pour faire la publicité du bien.

Conseil n°2
Ne rendez jamais votre estimation sous la forme d'un dossier dans lequel se trouve votre méthode d'estimation. En effet, votre savoir-faire doit être jalousement gardé, car c'est lui qui vous permet de gagner votre vie. Privilégiez une lettre d'estimation avec une fourchette de prix (5000 euros d'écart). Le bas de la fourchette correspondra à une vente plus rapide et donc destinée à un propriétaire pressé, le haut de la fourchette sera destiné à un vendeur qui n'est pas pressé et qui attendra un achat dit « coup de cœur ».

Conseil n°3
Votre estimation devra inclure le prix au m^2

du secteur et le calcul de la moyenne des prix de vente du secteur (on peut facilement trouver l'historique des ventes sur la base de données des notaires disponible sur le site des impôts). Une fois la moyenne trouvée, vous ferez également une valorisation qualitative du bien (moins-values et plus-values que vous jugerez utiles d'apporter). Votre estimation sera donc le résultat d'une analyse objective et subjective.

Conseil n°4
Si votre estimation ne vous convient pas, vous pouvez toujours l'ajuster en vous appuyant sur les prix des biens comparables des particuliers et professionnels. Partagez toujours votre estimation avec vos collaborateurs pour qu'ils vous donnent leur avis, ils peuvent par exemple vous recadrer si vous avez tendance à estimer trop haut.

Conseil n°5
Si un vendeur commence à critiquer votre estimation et à la remettre en cause, je vous conseille de ne pas entrer dans son jeu et de le laisser avoir raison. Vous lui demanderez alors (puisqu'il a l'air de s'y connaître) quelle estimation donne-t-il pour ce bien et sur quels critères s'appuie-t-il. Si l'estimation qu'il vous donne vous convient, essayer de rentrer le mandat, si son estimation est bien au-dessus du prix du marché, vous en resterez là.

Conseil n°6
Quand un propriétaire ne compte pas vous

confier son bien, faites payer l'estimation. Avant de vous déplacer, demandez au propriétaire quel est l'objectif de sa demande d'estimation et s'il compte vous confier son bien. Vous annoncerez vos conditions pour éviter tout malentendu : gratuité de l'estimation si vous avez le mandat après l'estimation (alignez-vous sur la concurrence pour fixer votre forfait d'estimation).

Conseil n°7
N'attendez pas de signer un mandat pour proposer le bien à vos clients. Lors de l'estimation, donnez l'eau à la bouche au propriétaire en lui disant que vous avez déjà des acheteurs et que vous pouvez les contacter rapidement. Engagez le propriétaire en lui demandant également de vous donner tous les documents concernant le bien en prétextant que vos clients les demanderont. Conclusion : vous gagnerez du temps et de l'avance sur les éventuels concurrents. Cependant, vous devrez avoir le mandat par la suite pour mettre le bien en publicité ou le vendre.

Conseil n°8
Il est conseillé de vous déplacer à deux, lorsque vous allez voir un bien pour l'estimer. En effet, vous pourrez ainsi augmenter vos chances d'avoir un bon premier contact avec le propriétaire, et donc d'avoir un mandat à la clef. D'autre part, si vous oubliez de demander quelque chose, votre partenaire pourra vous le signaler (ex : documents, informations sur le bien, etc.) : plus votre relation sera complémentaire

et meilleur sera votre rendez-vous d'estimation.

B/ Estimez tout en prenant en compte vos intérêts

Conseil n°1
Faites attention à ne pas trop surévaluer un bien pour avoir le mandat : le propriétaire vous en voudra si le bien reste trop longtemps sur le marché et s'il n'attire personne. Il prendra aussi très mal le fait que vous lui demandiez de trop baisser le prix. L'estimation au prix du marché est tout simplement la clef pour vendre dans les meilleurs délais, au prix ou avec une faible négociation.

Conseil n°2
Votre mission est d'estimer au prix du marché, mais vous devez aussi être capable de vous adapter à la situation. Si le propriétaire vous dit que plusieurs agences vont, ou ont estimé son bien, pensez à légèrement augmenter votre estimation de manière à ce qu'elle ne soit pas trop en dessous des autres agences. Vous aurez ainsi de meilleures chances d'être sélectionné pour vous occuper de la vente.

Conseil n°3
Essayez de connaître la raison de la mise en vente : héritage, dettes, divorce, départ à l'étranger, etc. en fonction, vous pourrez alors estimer un peu au-dessous du prix du marché en sachant que le propriétaire est pressé : l'objectif est de vendre

encore plus vite. Normalement, le vendeur suivra votre estimation puisqu'il n'est pas en position de force.

Conseil n°4
S'agissant des biens à rénover ou avec de nombreux points négatifs, ne perdez pas de temps ! Estimez au ras des pâquerettes, sinon, vous aurez le bien sur les bras pendant des mois. Le risque supplémentaire est que le propriétaire confie le bien à une autre agence pour augmenter ses chances de vendre, et ce, malgré votre bon relationnel avec lui.

Conseil n°5
Si le propriétaire souhaite prendre le temps de réfléchir avant de vous confier un mandat, relancez-le alors une à deux semaines plus tard pour essayer de rentrer à nouveau le mandat. S'il n'est toujours pas décidé, continuez à le relancer une fois par mois. Il se peut que le propriétaire vous oublie, vous devez donc rester présent.

Conseil n°6
Dans le cadre d'une demande d'estimation pour une résidence principale (sans volonté de vendre), demandez subtilement au propriétaire s'il ne souhaiterait pas vivre autre part. S'il vous dit qu'il aimerait bien déménager, réunissez tous ses critères et revenez vers lui pour lui proposer de visiter un ou plusieurs biens. Le but est d'amener le propriétaire dans une démarche de recherche active et bien sûr, qu'il vous confie son bien à la vente. Vous aurez

ainsi l'occasion de lui trouver un nouveau bien et de vendre le sien. Vous n'auriez jamais eu cette opportunité si vous aviez rendu l'estimation sans aller plus loin. Créer l'envie et un savoir-faire que vous devez développer dans votre travail d'agent immobilier.

IV – VISITE ET NÉGOCIATION DU CLIENT

Comment mettre toutes les chances de votre côté pour réussir vos visites avec les clients. Quels sont les moyens les plus efficaces pour faire passer une offre qui n'est pas au prix et pour défendre vos honoraires ?

A/ *Visites avec vos clients*
1. Comment préparer une visite ?

Conseil n°1
Que ce soit pendant un appel téléphonique ou lors d'un entretien physique, il faut impérativement marquer le client acquéreur ! Ne négligez surtout pas le premier contact : soyez avenant et à l'écoute. Il faut essayer de tirer le plus d'informations de la part du client : état de la recherche, conditions de financement, critères de recherche, etc. et lui donner le sentiment de parler à un agent immobilier qui s'intéresse vraiment à son projet (essayez de rester au moins 20 minutes en entretien). Pensez à vos intérêts et essayez d'engager la personne avec vous : placez votre courtier, proposez de faire signer un mandat de recherche, présentez le notaire avec qui vous travaillez, etc.). Après avoir montré au

client un ou plusieurs biens dans votre portefeuille auxquels il n'aura pas donné suite, demandez-lui si vous pouvez rechercher pour lui de votre côté. Vous suivrez l'état de sa recherche toutes les semaines pour ne pas le perdre de vue.

Conseil n°2
Si vous avez le sentiment que le client était mal alaise après un entretien téléphonique, vous pouvez faire diminuer son appréhension en le recontactant. Prétextez une nouvelle confirmation du lieu et de l'heure de rendez-vous et demandez-lui s'il souhaite recevoir des documents par mail. Le client sera un peu plus en confiance et cela vous permettra de partir sur de bonnes bases pour faire la visite.

Conseil n°3
Si un bien à la vente est inoccupé et meublé, débrouillez-vous pour qu'il soit vidé. Vous mettrez ainsi dans votre annonce des photos du bien sans les meubles afin que les clients se projettent plus facilement en le voyant. Vous pouvez également proposer aux propriétaires de réagencer le bien pour mettre en valeur les volumes et réduire les espaces perdus (dans le cas ou la décoration et le mobilier sont aux goûts du jour).

Conseil n°4
Avant de faire visiter un bien, ouvrez les fenêtres et les volets, tirez la chasse d'eau, allumez les lumières, balayez un peu, allumez le chauffage s'il fait froid : il faut que le bien soit présentable et à

bonne température pour que le client se sente bien à l'intérieur !

Conseil n°5
Préparez l'historique des ventes du quartier pour le montrer lors de la visite (les biens sélectionnés doivent s'être vendus plus chers ou au même prix que celui que vous montrez) de fait, si le client critique le prix, il verra noir sur blanc qu'il ne se fait pas avoir et que le bien n'est pas surévalué. Ce moyen est imparable pour rassurer le client quant au risque d'acheter au-dessus du prix du marché.

Conseil n°6
Essayez de montrer le plus de biens possible à vos clients pour multiplier vos chances de vendre ! Si vous n'avez rien en stock, tournez-vous vers les particuliers et les professionnels. N'hésitez pas à rechercher des biens hors secteur ou ne correspondant pas aux critères de recherche mais ayant une plus-value (charme, prix, surface, etc.) ! Il suffira d'un coup de cœur pour que le client soit tenté de se positionner. N'envoyez pas les liens des annonces à un client que vous ne connaissez pas assez, car il pourrait appeler le vendeur en direct : envoyez-lui des photos ou présentez-lui le bien par téléphone.

2. Comment réussir une visite ?

Conseil n°1
Vous devez disposer d'un dossier de visite complet

pour chaque bien. Lors de la visite, vous pourrez ainsi montrer au client tous les documents concernant le bien pour le rassurer : diagnostics techniques, taxe foncière, devis des travaux à réaliser, factures utiles, plans et superficies, etc. Placez une lettre d'offre d'achat à la fin du dossier, le client pourra vous la renvoyer complétée s'il est intéressé. En général, si le client demande à garder le dossier c'est qu'il est vraiment intéressé.

Conseil n°2
Si vous avez vraiment du mal avec les dossiers, misez sur le relationnel : pendant la visite, essayez de créer un lien avec le client sans tomber dans l'exagération. Privilégiez l'empathie et la complicité (vous devez donner le sentiment d'être de la famille). Pour faire sérieux, apprenez quand même par cœur les informations essentielles concernant les biens que vous proposez.

Conseil n°3
Essayez d'organiser les visites au moment où il y a le plus de lumière naturelle et au moment ou c'est le moins bruyant. Avant la visite et si le bien n'est pas habité : allumez les lumières, ouvrez les fenêtres, tirez la chasse d'eau, enlevez les toiles d'araignées et les feuilles mortes, etc. Si le bien est occupé par le propriétaire ou le locataire, n'hésitez pas à lui demander de ranger si vous voyez que c'est le bordel à la première visite.

Conseil n°4

Pour éviter de partager l'adresse du bien à tous les clients, essayez de toujours fixer les rendez-vous de visite à l'agence. Discutez un peu, faites faire signer le bon de visite et partez serein.

Conseil n°5
Pour les visites, privilégiez les tenues claires comme le blanc ou le beige. Inconsciemment, ces couleurs symbolisent l'ouverture, la paix et la sérénité : des signes positifs pour le client. Si vous avez des lunettes de vue, mettez-les également car en général cet accessoire rassure les gens.

Conseil n°6
Pour faire durer les visites, montrez les moindres recoins du bien tout en échangeant avec le client sur les possibilités d'exploitations et d'aménagements des lieux, plutôt que de simplement présenter les pièces les unes après les autres. Pour cela, intéressez-vous continuellement au client et adaptez votre discours en fonction de ses critères et de sa personnalité. Ce long moment passé avec le client vous aura permis de lui montrer le bien, d'avoir correctement appréhendé ses besoins et développé votre relation de manière positive.

Conseil n°7
Répondez à toutes les objections en apportant des solutions (ex : si le client trouve qu'il manque une chambre, alors dites que la cuisine (si elle est assez grande) peut se transformer en chambre et se retrouver dans le séjour pour avoir une cuisine

ouverte). À chaque problème il y a une solution qui vous permettra d'atteindre votre objectif !

Conseil n°8
Ne dites jamais qu'une lettre d'offre d'achat n'engage en rien. C'est une erreur qui est souvent commise dans le but de ne pas faire peur aux clients lorsqu'ils hésitent à faire une offre écrite. Il ne faut pas leur donner l'impression de signer un simple bout de papier sans engagement derrière. Dites-leur que c'est un avant contrat qui a une valeur juridique. Donnez-leur une lettre d'offre d'achat très bien détaillée : en-tête, nom, prénom et adresse du client, adresse et désignation du bien, montant de l'offre (honoraires d'agence inclus), modalités de financement, etc.).

Conseil n°9
Si le client vous a semblé intéressé par le bien que vous lui avez montré, mais que vous n'avez plus de ses nouvelles, rappelez-le une semaine plus tard pour connaître son avis sur le bien. Si vous le sentez intéressé mais hésitant, proposez-lui de revoir le bien. S'il n'est pas intéressé, vous chercherez autre chose plus lui.

B/ Quand le client veut négocier
1. Que faire quand l'offre d'achat est inférieure au prix de vente ?

Conseil n°1
Quand le client vous demande si le prix est

négociable, c'est bon signe ! L'erreur à ne pas commettre, c'est que vous bradiez le bien en répondant tout de suite qu'une négociation est envisageable. Il faut au contraire susciter le désir (ex : dites qu'il y a beaucoup de visites et qu'une offre devrait être faite sous peu). S'il est vraiment intéressé, le client réagira dans l'urgence en vous faisant une offre d'achat au prix ou proche, pour se positionner.

Conseil n°2
Dans le cadre d'un mandat de vente, ne présentez jamais au propriétaire une offre ridicule qui vous ferait perdre la face. Faites-lui en part oralement en disant que vous avez reçu cette offre qui ne méritait pas d'être présentée. En effet, votre rôle est de défendre les intérêts du vendeur et de lui montrer que vous êtes dans le même bateau.

Conseil n°3
Imposez une durée de validité de l'offre d'achat de trois jours maximum. Cela aura pour effet d'accélérer la prise de décision du vendeur et de diminuer l'impatience de l'acquéreur. Une offre inférieure au prix doit être si possible présentée lors d'un entretien physique : en étant en face du vendeur, vous aurez de meilleures chances de la faire passer.

Conseil n°4
Pour faire passer une offre d'achat qui n'est pas au prix, vous devez également préparer un

argumentaire destiné à convaincre le vendeur. Plusieurs moyens existent : rappel du prix au m^2 du secteur et de l'estimation initiale (si inférieurs), rappel des travaux à prévoir, incertitude de votre part sur la possibilité d'avoir une nouvelle offre plus élevée par un client, etc. la clef du problème est de mettre la pression sur le vendeur, pour qu'il vous donne son accord le plus rapidement possible.

Conseil n°5
Si l'offre d'achat est inférieure au prix de vente et que vous savez pertinemment que le vendeur ne va pas l'accepter, vous pouvez d'abord lui présenter une offre fictive orale, beaucoup plus basse que la vraie. Dites au vendeur que vous n'avez pas pris l'offre de manière écrite car elle n'était pas sérieuse. Expliquez-lui ensuite que vous allez faire votre maximum pour pousser le client à se rapprocher du prix de vente initial. Vous reviendrez vers le vendeur avec l'offre réelle, offre qui aura de meilleures chances d'être acceptée puisque le vendeur aura eu la satisfaction d'avoir obtenu un peu plus.

Conseil n°6
Pour faire augmenter une offre trop basse, vous pouvez négocier avec l'acquéreur que le vendeur (s'il est d'accord) lui laisse tout ou une partie du mobilier et des équipements sur place (ex : l'électroménager, piscine hors-sol si elle est mobile, tracteur, abri de jardin, etc.).

2. Comment défendre vos honoraires ?

Conseil n°1
Si le client ne vous pose pas la question, ne dites jamais que vos honoraires sont négociables. Ne vous précipitez pas pour les baisser à titre de geste commercial, baissez-les en dernier recours (ex : si le propriétaire insiste pour que vous participiez à la baisse de prix avec lui). Généralement, cette erreur est commise quand on débute dans le métier, en effet, on veut faire plaisir et arranger les choses pour donner une bonne image de nous-même. Cette qualité qui devient un défaut dans le commerce, doit disparaître pour uniquement laisser place à la prise en compte de vos propres intérêts.

Conseil n°2
Lors de la négociation, si le client vous fait la réflexion : « Vous prenez trop d'honoraires ! », expliquez-lui simplement pour le contrer que le montant de vos honoraires est tout aussi légal que ceux du notaire et que les siens pourtant, ne sont jamais négociés. Alors pourquoi les vôtres devraient-ils l'être ? Passez ensuite à autre chose pour ne pas rentrer dans le jeu du client et polémiquer.

Conseil n°3
Si la vente bloque parce que le client vous impose de baisser vos honoraires à un montant trop faible, je vous conseille tout simplement de ne pas continuer avec ce client, au risque que le vendeur le prenne mal. En tant qu'agent immobilier vous avez signé

un mandat de vente et effectué un travail qui mérite rémunération. Vous n'avez pas à brader vos honoraires comme si cela était naturel. Si la baisse est très faible pourquoi pas, mais au-delà, imposez-vous par principe de ne jamais baisser.

V – PUBLICITÉ, RÉSEAU ET COMMUNICATION

La plupart des entreprises consacrent une partie de leur chiffre d'affaires au développement de leur notoriété : vous devez en faire de même. En fonction de vos moyens financiers, vous devez mettre en place des actions régulières pour développer votre notoriété personnelle ainsi que celle de votre agence.

A/ *Publicité*

Conseil n°1
N'hésitez pas à floquer votre voiture. Si vous êtes un mauvais conducteur, évitez néanmoins de le faire. Le flocage est un moyen de communication assez peu coûteux et visible, c'est parfait pour un premier investissement.

Conseil n°2
Mettez en avant vos points forts sur la vitrine de l'agence et sur votre site internet pour communiquer et susciter l'intérêt. Pour vous démarquer de la concurrence, vous devez mettre en valeur un ou des atouts différents des concurrents comme le fait d'être une agence immobilière « verte » respectueuse de l'environnement, de fonctionner

au forfait plutôt qu'avec un barème ou encore d'être à la pointe de la technologie, etc. à vous de trouver !

Conseil n°3
Lors d'un événement local ou national comme le tour de France, essayez de rentrer un bien à proximité du lieu de cet événement quelques semaines plus tôt pour installer une banderole sur laquelle vous pourrez laisser le message de votre choix. Vous aurez l'occasion de vous faire une belle publicité avec à un slogan ou une offre promotionnelle, de plus, vous serez vus par un grand nombre de personnes en un temps-record (spectateurs et éventuelles caméras) à moindres frais.

Conseil n °4
N'hésitez pas à mettre votre visage sur vos panneaux pour y ajouter une valeur affective (important, soyez le plus souriant possible sur la photo). Le fait d'associer votre visage à un nom et à une agence vous permettra également de rassurer les passants. Le seul inconvénient à anticiper est que votre visage ne plaira pas à certaines personnes.

Conseil n°5
À votre échelle, évitez les publicités trop coûteuses (supports de type panneaux 4/3, sucettes, radio, presse, etc.) des moyens qu'il faut utiliser régulièrement pour qu'ils soient rentables. Orientez-vous plutôt vers le référencement naturel et payant. Pour améliorer le référencement naturel, incitez les

clients à vous laisser des avis positifs, mettez le lien de votre site internet à chaque fois que vous envoyez un mail, enregistrez les clients dans la base de données de votre site internet pour qu'ils reçoivent des alertes.

Conseil n°6
Si vous avez un partenariat avec un prestataire qui vous dépose un magazine spécialisé dans l'immobilier à l'intérieur de votre présentoir, imprimez alors la fiche descriptive de plusieurs de vos biens que vous rassemblerez ensemble et glisserez à l'intérieur de chaque magazine (vous pouvez aussi y laisser vos flyers). Rien ne vous empêche également d'imprimer des newsletters tous les mois.

B/ Réseau

Conseil n°1
Le développement de votre réseau doit être une mission de tous les jours. Essayez de réserver des plages horaires consacrées à échanger avec vos partenaires et à rencontrer de nouvelles personnes ! Ne restez pas dans votre coin, mais montrez au contraire aux gens votre joie de vivre et votre soif d'apprendre : c'est à force d'aller vers les autres que vous serez connu (dans ce métier, si vous n'allez pas vers les autres, personne n'ira vers vous).

Conseil n°2
Initiez des partenariats avec des associations et des

clubs locaux (ex : payez les maillots d'une équipe de football de la commune, à condition que le logo de votre agence soit présent dessus). Privilégiez un réseau de petite taille, solide et basé sur le bouche-à-oreille.

Conseil n°3
Proposez un bon apporteur d'affaires à toutes les personnes que vous connaissez ou que vous rencontrez pour la première fois. Vous pouvez par exemple donner la somme de 500 euros pour chaque affaire apportée qui irait jusqu'à l'acte authentique. Vous pouvez augmenter la somme donnée en fonction du nombre d'affaires apportées et idéalement, proposer un contrat de travail (salarié ou agent commercial). L'apporteur sera certainement plus performant avec un contrat qui lui permettrait d'avoir une rémunération à la hauteur de son apport à l'entreprise.

Conseil n°4
Pour accroître le nombre de vos nouvelles rencontres (potentiels vendeurs et acquéreurs), inscrivez-vous par exemple dans des associations culturelles et des clubs de sport, dans un parti politique ou encore à des vides greniers. Vous ferez ainsi de nombreuses connaissances à moindre coût.

C/ Communication

Conseil n°1
Soyez omniprésent sur les réseaux sociaux pour

donner envie aux gens de vous suivre et de faire appel à vos services (ex : jeux-concours avec des gains à la clef, publication d'articles, publication de vos biens à la vente et vendus, etc.). Essayez d'avoir une « fan base » puis élargissez là à leurs amis et ainsi de suite.

Conseil n°2
Réalisez une vidéo promotionnelle pour mettre en valeur vos services et votre histoire. Vous la partagerez sur les réseaux sociaux et sur votre site internet. Faites aussi un diaporama avec les photos de chacun de vos biens pour les partager également sur les réseaux sociaux.

Conseil n°3
Évitez de trop orienter votre une communication sur l'humour et sur la dérision pour éviter la mauvaise publicité de certaines personnes : essayez de rester neutre et « passe-partout ».

VI – PENDANT ET APRÈS LA VENTE

A/ *Pendant la vente*

Conseil n°1
Avant d'aller chez le notaire, vérifiez toujours le financement du client : demandez-lui une lettre d'accord de principe émise par sa banque.

Conseil n°2
Choisissez un notaire qui travaille vite et efficacement, pour lui confier tous vos dossiers. Un notaire réactif, facilement joignable et souple sur des dossiers sensibles (ex : dans le cas d'une vente avec des clients étrangers où plusieurs conditions sont requises).

Conseil n°3
À l'aide d'un site internet permettant le transfert de gros fichiers, envoyez au notaire tous les documents obligatoires pour la vente. Si vous remettez des documents en format papier, demandez à l'étude un accusé de réception daté et signé. Précédez l'envoi des documents par un mail de présentation dans lequel vous indiquerez toutes les informations importantes sur l'acquéreur, le vendeur, le bien,

votre agence et votre commission. Indiquez aussi les disponibilités de toutes les parties pour la signature du compromis. Envoyez aussi des photos du bien pour aider le notaire à le visualiser.

Conseil n°4
Après la signature du compromis, suivez l'acquéreur et le vendeur de près : formalités à accomplir par l'acquéreur (ex : dépôt de permis de construire), enlèvement d'une citerne de gaz par le vendeur, etc. Suivez le processus d'accord de financement avec attention pour pouvoir proposer une date de signature de l'acte authentique dans les meilleurs délais : plus vite vous vendrez et plus vite vous serrez payé.

B/ Après la vente

Conseil n°1
N'hésitez pas à demander au vendeur et à l'acquéreur de vous laisser un avis positif sur internet. Si vos relations ont vraiment été bonnes avec les parties, proposez-leur aussi un « selfie » chez le notaire, que vous posterez sur les réseaux sociaux.

Conseil n°2
Après une vente, distribuez des flyers « vendu » dans le quartier, faites la publicité sur les réseaux sociaux, sur la vitrine et sur le site internet de l'agence (ex : « vendu en une semaine ! » ou « vendu en une visite ! »). N'attendez pas forcément la signature de l'acte authentique si vous savez que le dossier de

l'acquéreur est solide, commencez la publicité dès la signature du compromis de vente.

Conseil n°3
Après la vente, pour montrer que vous êtes encore présent, n'hésitez pas à proposer à l'acquéreur et au vendeur votre aide pour accomplir certaines formalités ultérieures (qui sont uniquement dans vos compétences d'agent immobilier).

Conseil n°4
Quelques semaines après la vente, appelez le nouveau et l'ancien propriétaire pour savoir si tout se passe bien. Ils seront agréablement surpris par votre appel et seront encore plus enthousiastes lorsqu'ils parleront de vous à leur entourage. Vous vous démarquerez ainsi d'un simple agent immobilier qui fait bêtement son travail complètement détaché de la relation qu'il entretient avec ses clients.

Conseil n°5
Dans le cas où la vente se serait très mal passée à cause de l'étude notariale, proposez aux clients de se plaindre à la chambre des notaires. Si la vente s'est mal passée à cause de l'agence concurrente (dans le cadre d'une inter-agence), incitez votre client à laisser un commentaire négatif sur le site du concurrent.

Conseil n°6
Avant la signature de l'acte authentique, laisser un

petit mot de bienvenue avec éventuellement un bouquet de fleurs au sein du bien vendu pour faire la surprise au nouveau propriétaire. Cette petite attention qui ne coûte rien, vous permettra là encore de vous faire apprécier.

VII – COMMENT VOUS DÉMARQUER DE LA CONCURRENCE ?

Plusieurs moyens vous permettront de vendre plus et d'avoir une meilleure relation avec vos clients. Des moyens que la concurrence utilise peu ou pas du tout. C'est là où vous ferez la différence.

Idée n°1
Avant de faire visiter un client, orientez-le vers votre courtier pour valider son financement. Vous aurez également plus d'enthousiasme à rechercher pour un client si vous savez qu'il est vraiment finançable. D'autre part, essayez de mettre en place un contrat d'apporteur d'affaires avec le courtier pour que vous puissiez être rémunéré à chaque affaire.

Idée n°2
Proposez aux vendeurs et aux acquéreurs des services payants : déménagement, vide maison, vente du mobilier (ex : demandez 50% sur le total des ventes que vous faites), ménage, petits travaux, etc. vous pourrez faire certaines choses tout seul, pour le reste, entourez-vous de partenaires.

Idée n°3

Trouvez un avocat spécialisé dans les affaires immobilières et proposez-lui un partenariat. Lorsque vous rencontrerez un vendeur avec un litige en cours, vous lui proposerez les coordonnées de l'avocat, qui à son tour, orientera de potentiels vendeurs vers vous.

Idée n°4
Trouvez un cuisiniste proposant des prix avantageux avec qui faire un partenariat. Lors de vos visites et au moment de présenter la cuisine, vous orienterez les acquéreurs vers lui. Signez un contrat d'apporteur d'affaires avec le cuisiniste pour garantir votre rémunération. Ce type de contrat peut se faire avec un vendeur de meubles, un décorateur d'intérieur, un pisciniste, etc.

Idée n°5
Proposez un courtier en travaux aux acquéreurs. Un courtier en travaux fait des appels d'offre en fonction d'une demande précise du client pour lui fournir les meilleurs devis possibles. Là aussi, signez un contrat d'apporteur d'affaires.

Idée n°6
Lorsque vous montrez un bien à un client, proposez-lui de rester seul 15 ou 20 minutes à l'intérieur sans votre présence, pour qu'il puisse mieux se projeter. Vous reviendrez le voir plus tard pour faire un débriefing avec lui.

Idée n°7

Si vous avez un bien à vendre depuis une très longue période (ex : plus de deux ans), cherchez un spécialiste qui propose de réaliser des harmonisations des lieux (rétablissement des bonnes énergies). Vous en parlerez au vendeur qui s'il est d'accord, prendra les frais de la prestation à sa charge.

Idée n°8
Vous avez la capacité de conseiller vos clients et vos conseils seront pris au sérieux. Alors mettez en avant votre rôle de conseil pour essayer de vendre. Quelques exemples : si vous avez des solutions pour optimiser la rentabilité d'un bien pour votre client investisseur (location en meublé de courte durée, collocation, etc.) parlez-en. De même pour une maison à la campagne avec trop peu de terrain, vous pouvez demander au propriétaire du champ voisin s'il est vendeur d'une partie de son terrain. Pour un immeuble où une grosse maison, proposez au vendeur de faire une division pour vendre plus vite. Trouver une ou plusieurs solutions à chaque problème vous permettra d'augmenter concrètement vos chances de vendre.

Idée n°9
Intéressez-vous aux aides qui sont accordées par les organismes d'état (ex : aides destinées aux primo-accédants pour inciter l'achat dans l'ancien ou pour faire l'isolation des combles, aides à la rénovation concernant les économies d'énergie, etc.). Vous serez à même d'en parler aux acquéreurs ou aux vendeurs

si la situation s'y prête.

Idée n°10 :

Le manque de considération de l'agent immobilier envers ses clients (acquéreurs ou vendeurs) est souvent pointé du doigt. En général, cela s'explique par le nombre important de biens et d'acquéreurs que l'agent immobilier doit gérer. Pour éviter d'être dans la même situation, concentrez-vous uniquement sur une vingtaine de biens en exclusivité, pour lesquels vous pourrez faire un travail de qualité. Vous verrez à quel point vous votre gestion du temps sera moins compliquée et vos marges de manœuvres seront plus souples.

VIII – L'ADMINISTRATIF

Conseil n°1
Achetez-vous un bloc-notes en complément de votre agenda électronique. Le bloc-notes vous permettra de prendre des notes lors des entretiens, de fixer vos objectifs, de faire vos estimations, de noter vos échéances à venir, etc. Avec les nouvelles technologies, nous avons tendance à écrire de moins en moins sur du papier, c'est pourtant un outil simple et efficace pour s'y retrouver dans son travail.

Conseil n°2
Pour pallier la perte éventuelle de vos données informatiques, vous devez posséder un double papier de tous vos dossiers : vendeurs, acquéreurs, locataires, bailleurs, etc. Faites également une copie sur un disque dur externe pour pouvoir facilement réinstaller les dossiers dans votre ordinateur.

Conseil n°3
Tenez un carnet spécialement destiné à faire des comptes rendus aux propriétaires : vous y noterez tout ce qui se passe : appels reçus, retour des clients, les moyens que vous avez mis en œuvre pour vendre, etc. Le fait de tout noter en amont, vous permettra de ne rien oublier au moment de faire le bilan.

Conseil n°4
Enregistrez des modèles type de mail qui vous serviront pour contacter le notaire lors d'une vente, le syndic pour demander des documents si c'est en copropriété, aux propriétaires pour signer un mandat, etc. En plus de gagner un temps précieux, les textes type vous permettront d'éviter de faire des erreurs d'orthographe et de syntaxe, souvent commises quand on est pressé par le temps.

Conseil n°5
Contrôlez votre registre des mandats, vos affiches vitrines et vos annonces en ligne de manière périodique. Vous devez toujours être en règle avec la législation en vigueur. En cas de contrôle inopiné par la répression des fraudes, on ne vous laissera rien passer et vous serrez obligé de payer une amende.

Conseil n°6
Mettez de l'ordre dans votre boîte mail en créant des dossiers vendeurs, acquéreurs, partenaires, publicité, etc. Vous vous y retrouverez beaucoup mieux avec un gain de temps à la clef.

Conseil n°7
Pour les rendez-vous d'estimation et de rentrées de mandat, prenez avec vous un classeur ou un porte-vues dans lequel vous y mettrez tous les documents qui vous seront nécessaires (mandats, avenants, extrait de votre base de données clients, etc. Pensez

aussi à y mettre votre barème, vos flyers ainsi que vos cartes de visite et celles de vos partenaires.

Conseil n°8

Avant de commencer un travail, vous devez être sûr que vous n'allez pas travailler dans le vent. Il faut donc vous baser sur un écrit, qu'il soit par mail ou sur papier libre (ex : procuration, mandat de vente, accord de principe, autorisation écrite, certificat, etc.). En effet, l'écrit vous permet de travailler sereinement et vous évitera également de vous protéger derrière l'écrit en cas de problème suite à une intervention de votre part.

Conseil n°9

Soyez très précautionneux dans la rédaction de tous vos écrits (votre image est en jeu). Faites simple, allez droit au but et évitez à tout prix les erreurs grammaticales et les fautes d'orthographe. N'hésitez pas à faire contrôler ce que vous écrivez par l'un de vos collaborateurs ou par un correcteur en ligne. Mettez-vous à la place de la personne qui vous lit !

Conseil n°10

Je vous conseille vivement d'utiliser un site internant proposant la signature de vos contrats de manière électronique. Le site sera certes payant, mais très rentable niveau temps, efforts, encre et papier. Vous verrez la différence : cela vous changera la vie !

Conseil n°11

Le cahier des clefs est utile pour savoir en temps et

en heure où se trouvent les clefs de vos propriétaires. Il est vivement conseillé d'en avoir un et de l'utiliser pour vous dédouaner en cas de perte de clefs.

IX – LOCATION ET GESTION LOCATIVE

Conseil n°1
Respectez toujours les critères de revenus d'un locataire (trois fois le montant du loyer charges comprises). Ne prenez aucun risque, car s'il y a un problème, cela vous retombera dessus. Veillez à avoir à votre disposition tous les documents justifiant des revenus (appelez l'entreprise si vous avez un doute sur la véracité des documents).

Conseil n°2
Si vous réalisez l'état des lieux vous-même (sans passer par un prestataire) pensez à prendre des photos des défauts observés. En gestion locative, ne rentrez jamais un bien en mauvais état (souvent source de problèmes), demandez au propriétaire de faire les travaux nécessaires avant de rentrer le bien.

Conseil n°3
Pour un bien que vous allez gérer, posez les règles du jeu avec le locataire dès le départ, lors de l'état des lieux d'entrée. Expliquez-lui que vous ne voulez pas de problème pendant la location et que vous êtes à sa disposition pour toute demande : montrez-vous ferme et cordial à la fois.

Conseil n°4

Après avoir loué un bien, recontactez le locataire et le bailleur quelques semaines après la signature du bail pour savoir si tout se passe bien. Vous aurez ainsi une meilleure image auprès des deux parties et à l'occasion, ils n'hésiteront pas à faire de nouveau appel à vous.

Conseil n°5
Concernant vos honoraires de gestion locative, alignez-vous sur la concurrence : les agences prennent en moyenne 7% T.T.C du quittancement mensuel et 3%T.T.C pour l'assurance « loyers impayés ».

Conseil n°6
Lorsque le locataire vous appelle pour vous signaler un problème de chaudière ou de thermostat par exemple, essayer de trouver une solution en regardant sur internet ou en demandant à des connaissances au lieu d'appeler directement le réparateur. Si vous résolvez le problème sans frais, vous économiserez de l'argent au bailleur et du temps en démarches administratives. Le propriétaire vous en sera reconnaissant.

Conseil n°7
Si vous faites un état des lieux de sortie et que le locataire ne peut pas vider ses affaires faute d'endroit où les mettre, soyez ferme et intransigeant : n'ouvrez pas la porte à un délai supplémentaire et contactez au plus vite un avocat pour connaître la procédure à appliquer. De manière

générale ne laissez la porte ouverte à aucun arrangement.

X – ATTITUDES PSYCHOLOGIQUES À DÉVELOPPER

Conseil n°1
Ne prenez pas pour argent comptant tout ce que l'on vous affirme (que ce soit de la part d'un particulier ou d'un professionnel) ! Essayez de vérifier l'information que l'on vous donne. Forcez-vous à voir le mal partout pour ne pas vous faire avoir, quitte à être paranoïaque.

Conseil n°2
Vous devez être capable d'imposer vos intérêts dans n'importe quelle situation. Votre sérénité apparente doit cacher une grande force de caractère et une grande agressivité. Soyez au « taquet » tous les jours et imposez votre autorité : inspirez-vous de l'expression « une main de fer dans un gant de velours » !

Conseil n°3
Privilégiez la discrétion et le travail de fond pour rester concentré et éviter la dispersion. La maîtrise de soi est l'une des clefs du succès. Vous devez contrôler vos nerfs, s'énerver ne sert à rien sauf à créer des tensions dans votre corps et avec votre

entourage. Astuce : pour garder le contrôle, dites-vous que vous êtes un expert et que rien ne peut vous déstabiliser.

Conseil n°4
Lorsque vous discutez avec les gens, ne parlez jamais de quelque chose dont vous n'êtes pas sûr et ne critiquez jamais une personne dans son dos. Apprenez à rester humble, neutre et détaché. Tout se répète et vous aurez vite fait d'avoir une mauvaise image.

Conseil n°5
Il faut maîtriser votre engagement : lorsque nous sommes motivés par un objectif, nous avons tendance à nous engager corps et âme. Grosse erreur à ne pas commettre ! Restez à votre place, accomplissez seulement le travail pour lequel vous êtes rémunéré, n'engagez pas de frais pour les autres, ne rendez pas de services gratuits. En plus de dépenser votre énergie, vous aurez l'image d'une personne trop gentille et les gens en profiteront !

Conseil n°6
Je vous conseille de vous contenter de simples relations de travail et d'exclure toute amitié pour éviter d'être déçu. Gardez vos distances avec les gens tout en étant cordial et avenant.

Conseil n°7
Votre temps doit être rentabilisé : faites payer vos conseils, ne rendez pas service à part si vous y

trouvez un intérêt direct, faites payer l'estimation sauf s'il y a un mandat à la clef, ne rentrez pas un bien s'il est à la vente dans plusieurs agences, évitez les situations compliquées comme les litiges entre indivisaires, etc. Le temps c'est de l'argent !

Conseil n°8
Lorsqu'un client acquéreur vous contacte pour un bien que vous avez en portefeuille, vous devez être capable de prendre le contrôle de l'entretien afin de qualifier au mieux la personne ! Intéressez-vous d'abord au projet (délais, budget, localisation, etc.) et parlez ensuite du bien : il faut inverser la situation. Bien qualifier égal gain de temps !

Conseil n°9
Écoutez vraiment les gens (écoute active), restez toujours ouvert et sans a priori ! Cette attitude vous permettra d'inspirer confiance, et les gens vous feront davantage confiance.

Conseil n°10
Dites toujours que ça fonctionne bien pour vous si on vous le demande ! Ne vous dévalorisez jamais : donnez de l'importance à votre personne et à votre travail.

Conseil n°11
Laissez penser que vous avez beaucoup de travail aura une influence positive sur la façon dont les gens vous perçoivent, car ils assimileront cela à un signe de réussite.

Conseil n°12
Dans ce métier, le sourire est souvent assimilé à de la faiblesse, il est donc à modérer : montrez-vous cordial mais peu démonstratif. Ne rentrez jamais dans le jeu des gens et ne baissez pas la garde pour éviter une perte de contrôle de la situation.

Conseil n°13
Privilégiez le contact physique et le téléphone, plutôt que le SMS et le mail pour que vos relations soient plus directes et incisives.

Conseil n°14
Pour apporter de la plus-value à votre métier, vous devez vous former régulièrement dans les domaines du financement, de l'urbanisme, de l'architecture, etc. Sortez de votre zone de confort pour acquérir de nouvelles connaissances et pour pouvoir les utiliser à bon escient dans votre travail.

Conseil n°15
Préparez correctement vos dossiers tout en anticipant les éventuels problèmes à venir. Évitez de faire les choses à l'envers pour vous éviter de perdre du temps (ex : mise en publicité d'un bien à rénover sans avoir fait faire des devis au préalable, mise en publicité d'un terrain sans connaître le règlement de la zone, mise en publicité d'un bien sans avoir tous les documents obligatoires pour la vente, etc.).

Conseil n°16
Avoir une attitude positive et gérer votre stress, est

un travail de tous les jours. Alors pour vous aider, entretenez une bonne hygiène de vie (alimentation, heures de sommeil, etc.). Concernant votre manière de travailler, apprenez à gérer peu de biens et recherchez pour un petit nombre de clients (les plus sérieux et pressés par exemple) pour ne jamais être débordé.

Annexe 1 :

Objection n°1 : je vais en parler à ma femme...
Réponse : je ne comprends pas, vous ne pouvez pas décider tout seul ? Vous n'avez pas besoin de quelqu'un d'autre pour prendre vos décisions à votre place tout de même ?

Objection n°2 : j'ai eu une très mauvaise expérience avec les agences immobilières !
Réponse : dans notre vie, nous avons tous eu des mauvaises expériences avec des gens malhonnêtes, mais les gens bien existent aussi non ? Vous êtes d'accord avec moi ?

Objection n°3 : vos honoraires sont trop élevés !
Réponse : nos honoraires sont libres et ne poseront aucun problème à un client qui dispose du budget, puisque c'est lui qui les paiera.

Objection n°4 : si je signe un mandat exclusif, je serai pris au piège avec vous !
Réponse : je pense plutôt que vous aurez une relation privilégiée avec votre agence et que vous me remercierez quand j'aurai vendu votre bien.

Objection n°5 : je vous rappelle ! Je suis occupé !
Réponse : ce que vous avez à faire est-il plus important que de vendre votre bien ?

Objection n°6 : je fais des visites seul, je n'ai pas besoin de vous !
Réponse : faire des visites c'est bien, mais le plus important c'est d'avoir une offre écrite ! Mon but

est d'avoir une offre le plus vite possible en faisant le moins de visites possible, et ce, en utilisant des techniques pour lesquelles je me suis formé. Laissez-moi au moins l'occasion de vous montrer de quoi je suis capable !

Objection n°7 : je suis déjà en agence !
Réponse : alors que faites-vous sur un site de particuliers à particuliers ?

Objection n°8 : j'ai écrit : « Agence s'abstenir » dans l'annonce !
Réponse : vous avez dû être déçu des agences que vous avez rencontré, mais je vous assure sur le fait que nous travaillons différemment, dans le respect du propriétaire et de ses intérêts. Pourrions-nous nous rencontrer pour me montrer votre bien ?

Objection n°9 : je peux louer tout seul !
Réponse : méfiez-vous car aujourd'hui les locataires sont de moins en moins sérieux. Pour ma part, j'ai l'habitude de sélectionner rigoureusement les locataires en fonction de leurs revenus, pour éviter tous problèmes d'impayés. Nous faisons aussi signer un bail règlementé qui sécurise le loueur.

Objection n°10 : je ne suis pas pressé pour vendre !
Réponse : au départ, tous les vendeurs me disent ça ! Mais avec une offre importante de biens et une faible demande, le marché actuel est compliqué et les biens restent très longtemps en vente. De plus, me confier votre bien ne vous coûtera rien, car tous nos services sont gratuits pour le propriétaire

REMERCIEMENTS

Un grand merci aux personnes qui m'ont formé et inspiré. Suivez et écoutez les gens qui vous poussent vers le haut et écartez-vous de toutes négativités. Faites-vous confiance et accordez-vous une grande valeur.

www.ingramcontent.com/pod-product-compliance
Lightning Source LLC
Chambersburg PA
CBHW030459220526
45464CB00006B/2584